Here

ALSO BY WISŁAWA SZYMBORSKA

Monologue of a Dog

Nonrequired Reading: Prose Pieces

Poems New and Collected, 1957–1997

View with a Grain of Sand: Selected Poems

Here

Wisława Szymborska

TRANSLATED FROM THE POLISH BY
Clare Cavanagh and Stanisław Barańczak

Houghton Mifflin Harcourt
Boston New York
2010

Library of Congress Cataloging-in-Publication Data
Szymborska, Wisława.
[Poems. English & Polish. Selections]
Here : new poems / Wisława Szymborska ; translated from the Polish by Clare
Cavanagh and Stanislaw Barańczak.
p. cm.
Polish and English.
ISBN 978-0-547-36461-2
1. Szymborska, Wisława—Translations into English. I. Cavanagh,
Clare. II. Barańczak, Stanislaw, date. III. Title.
PG7178.Z9A222 2010
891.8'517—dc22

Book design by Melissa Gruntkosky

Printed in the United States of America

DOC 10 9 8 7 6 5 4 3 2 1

This book contains all the poems that appeared in *Tutaj* (Znak, 2009)
and some of the poems in *Dwukropek* (Znak, 2005).

The following poems previously appeared elsewhere: "Teenager," *Granta;*
"Microcosmos," *New York Review of Books;* "Foraminifera," *Common Knowledge;*
"Thoughts That Visit Me on Busy Streets," *TriQuarterly;*
"Identification," "Dreams," *Poetry.*

CONTENTS

Here

TUTAJ

Nie wiem jak gdzie,
ale tutaj na Ziemi jest sporo wszystkiego.
Tutaj wytwarza się krzesła i smutki,
nożyczki, skrzypce, czułość, tranzystory,
zapory wodne, żarty, filiżanki.

Może gdzie indziej jest wszystkiego więcej,
tylko z pewnych powodów brak tam malowideł,
kineskopów, pierogów, chusteczek do łez.

Jest tutaj co niemiara miejsc z okolicami.
Niektóre możesz specjalnie polubić,
nazwać je po swojemu
i chronić od złego.

Może gdzie indziej są miejsca podobne,
jednak nikt nie uważa ich za piękne.

Może jak nigdzie, albo mało gdzie,
masz tu osobny tułów,
a z nim potrzebne przybory,
żeby do dzieci cudzych dodać własne.
Poza tym ręce, nogi i zdumioną głowę.

Niewiedza tutaj jest zapracowana,
ciągle coś liczy, porównuje, mierzy,
wyciąga z tego wnioski i pierwiastki.

Wiem, wiem, co myślisz.
Nic tutaj trwałego,
bo od zawsze na zawsze we władzy żywiołów.

HERE

I can't speak for elsewhere,
but here on Earth we've got a fair supply of everything.
Here we manufacture chairs and sorrows,
scissors, tenderness, transistors, violins,
teacups, dams, and quips.

There may be more of everything elsewhere,
but for reasons left unspecified they lack paintings,
picture tubes, pierogies, handkerchiefs for tears.

Here we have countless places with vicinities.
You may take a liking to some,
give them pet names,
protect them from harm.

There may be comparable places elsewhere,
but no one thinks they're beautiful.

Like nowhere else, or almost nowhere,
you're given your own torso here,
equipped with the accessories required
for adding your own children to the rest.
Not to mention arms, legs, and astounded head.

Ignorance works overtime here,
something is always being counted, compared, measured,
from which roots and conclusions are then drawn.

I know, I know what you're thinking.
Nothing here can last,
since from and to time immemorial the elements hold sway.

Ale zauważ — żywioły męczą się łatwo
i muszą czasem długo odpoczywać
do następnego razu.

I wiem, co myślisz jeszcze.
Wojny, wojny, wojny.
Jednak i między nimi zdarzają się przerwy.
Baczność — ludzie są źli.
Spocznij — ludzie są dobrzy.
Na baczność produkuje się pustkowia.
Na spocznij w pocie czoła buduje się domy
i prędko się w nich mieszka.

Życie na Ziemi wypada dość tanio.
Za sny na przykład nie płacisz tu grosza.
Za złudzenia — dopiero kiedy utracone.
Za posiadanie ciała — tylko ciałem.

I jakby tego było jeszcze mało,
kręcisz się bez biletu w karuzeli planet,
a razem z nią, na gapę, w zamieci galaktyk,
przez czasy tak zawrotne,
że nic tutaj na Ziemi nawet drgnąć nie zdąży.

No bo przyjrzyj się dobrze:
stół stoi, gdzie stał,
na stole kartka, tak jak położona,
przez uchylone okno podmuch tylko powietrza,
a w ścianach żadnych przeraźliwych szczelin,
którymi by donikąd cię wywiało.

But see, even the elements grow weary
and sometimes take extended breaks
before starting up again.

And I know what you're thinking next.
Wars, wars, wars.
But there are pauses in between them too.
Attention! — people are evil.
At ease — people are good.
At attention wastelands are created.
At ease houses are constructed in the sweat of brows,
and quickly inhabited.

Life on Earth is quite a bargain.
Dreams, for one, don't charge admission.
Illusions are costly only when lost.
The body has its own installment plan.

And as an extra, added feature,
you spin on the planets' carousel for free,
and with it you hitch a ride on the intergalactic blizzard,
with times so dizzying
that nothing here on Earth can even tremble.

Just take a closer look:
the table stands exactly where it stood,
the piece of paper still lies where it was spread,
through the open window comes a breath of air,
the walls reveal no terrifying cracks
through which nowhere might extinguish you.

MYŚLI NAWIEDZAJĄCE MNIE NA RUCHLIWYCH ULICACH

Twarze.
Miliardy twarzy na powierzchni świata.
Podobno każda inna
od tych, co były i będą.
Ale Natura — bo kto ją tam wie —
może zmęczona bezustanną pracą
powtarza swoje dawniejsze pomysły
i nakłada nam twarze
kiedyś już noszone.

Może cię mija Archimedes w dżinsach,
caryca Katarzyna w ciuchu z wyprzedaży,
któryś faraon z teczką, w okularach.

Wdowa po bosym szewcu
z malutkiej jeszcze Warszawy,
mistrz z groty Altamiry
z wnuczkami do ZOO,
kudłaty Wandal w drodze do muzeum
pozachwycać się trochę.

Jacyś polegli dwieście wieków temu,
pięć wieków temu
i pół wieku temu.

Ktoś przewożony tędy złoconą karetą,
ktoś wagonem zagłady,

THOUGHTS THAT VISIT ME
ON BUSY STREETS

Faces.
Billions of faces on the earth's surface.
Each different, so we're told,
from those that have been and will be.
But Nature—since who really understands her?—
may grow tired of her ceaseless labors
and so repeats earlier ideas
by supplying us
with preworn faces.

Those passersby might be Archimedes in jeans,
Catherine the Great draped in resale,
some pharaoh with briefcase and glasses.

An unshod shoemaker's widow
from a still pint-sized Warsaw,
the master from the cave at Altamira
taking his grandkids to the zoo,
a shaggy Vandal en route to the museum
to gasp at past masters.

The fallen from two hundred centuries ago,
five centuries ago,
half a century ago.

One brought here in a golden carriage,
Another conveyed by extermination transport,

Montezuma, Konfucjusz, Nabuchodonozor,
ich piastunki, ich praczki i Semiramida,
rozmawiająca tylko po angielsku.

Miliardy twarzy na powierzchni świata.
Twarz twoja, moja, czyja —
nigdy się nie dowiesz.

Może Natura oszukiwać musi,
i żeby zdążyć, i żeby nastarczyć
zaczyna łowić to, co zatopione
w zwierciadle niepamięci.

Montezuma, Confucius, Nebuchadnezzar,
their nannies, their laundresses, and Semiramida
who only speaks English.

Billions of faces on the earth's surface.
My face, yours, whose—
you'll never know.
Maybe Nature has to shortchange us,
and to keep up, meet demand,
she fishes up what's been sunk
in the mirror of oblivion.

POMYSŁ

Przyszedł mi pewien pomysł
na wierszyk? na wiersz?
To dobrze—mówię—zostań, pogadamy.
Musisz mi więcej o sobie powiedzieć.
    Na co on szeptem kilka słów na ucho.
Ach, o to chodzi—mówię—to ciekawe.
Od dawna już te sprawy leżą mi na sercu.
Ale żeby wiersz o nich? Nie, na pewno nie.
    Na co on szeptem kilka słów na ucho.
Tak ci się tylko zdaje—odpowiadam—
przeceniasz moje siły i zdolności.
Nawet bym nie wiedziała, od czego mam zacząć.
    Na co on szeptem kilka słów na ucho.
Mylisz się—mówię—wiersz zwięzły i krótki
o wiele trudniej napisać niż długi.
Nie męcz mnie, nie nalegaj, bo to się nie uda.
    Na co on szeptem kilka słów na ucho.
Niech ci będzie, spróbuję, skoro się upierasz.
Ale z góry uprzedzam, co z tego wyniknie.
Napiszę, przedrę i wrzucę do kosza.
    Na co on szeptem kilka słów na ucho.
Masz rację—mówię—są przecież inni poeci.
Niektórzy zrobią to lepiej ode mnie.
Mogę ci podać nazwiska, adresy.
    Na co on szeptem kilka słów na ucho.
Tak, naturalnie, będę im zazdrościć.
My sobie zazdrościmy nawet wierszy słabych.
A ten chyba powinien . . . chyba musi mieć . . .
    Na co on szeptem kilka słów na ucho.

AN IDEA

An idea came to me
for a rhyme? a poem?
Well, fine—I say—stay awhile, we'll talk.
Tell me a little more about yourself.
    So it whispered a few words in my ear.
Ah, so that's the story—I say—intriguing.
These matters have long weighed upon my heart.
But a poem about them? I don't think so.
    So it whispered a few words in my ear.
It may seem that way—I reply—
but you overestimate my gifts and powers.
I wouldn't even know where to start.
    So it whispered a few words in my ear.
You're wrong—I say—a short, pithy poem
is much harder than a long one.
Don't pester me, don't nag, it won't turn out.
    So it whispered a few words in my ear.
All right then, I'll try, since you insist.
But don't say I didn't warn you.
I write, tear it up, and toss it out.
    So it whispered a few words in my ear.
You're right—I say—there are always other poets.
Some of them can do it better.
I'll give you names and addresses.
    So it whispered a few words in my ear.
Of course I'll envy them.
We envy even the weak poems.
But this one should . . . it ought to have . . .
    So it whispered a few words in my ear.

No właśnie, mieć te cechy, które wyliczyłeś.
Więc lepiej zmieńmy temat.
Napijesz się kawy?

Na co on westchnął tylko.

I zaczął znikać.

I zniknął.

Exactly, to have the qualities you've listed.
So let's change the subject.
How about a cup of coffee?

It just sighed.

And started vanishing.

And vanished.

KILKUNASTOLETNIA

Ja — kilkunastoletnia?
Gdyby nagle, tu, teraz, stanęła przede mną,
czy miałabym ją witać jak osobę bliską,
chociaż jest dla mnie obca i daleka?

Uronić łezkę, pocałować w czółko
z tej wyłącznie przyczyny,
że mamy jednakową datę urodzenia?

Tyle niepodobieństwa między nami,
że chyba tylko kości są te same,
sklepienie czaszki, oczodoły.

Bo już jej oczy jakby trochę większe,
rzęsy dłuższe, wzrost wyższy
i całe ciało obleczone ściśle
skórą gładką, bez skazy.

Łączą nas wprawdzie krewni i znajomi,
ale w jej świecie prawie wszyscy żyją,
a w moim prawie nikt
z tego wspólnego kręgu.

Tak mocno się różnimy,
tak całkiem o czym innym myślimy, mówimy.
Ona wie mało —
za to z uporem godnym lepszej sprawy.
Ja wiem o wiele więcej —
za to nie na pewno.

TEENAGER

Me — a teenager?
If she suddenly stood, here, now, before me,
would I need to treat her as near and dear,
although she's strange to me, and distant?

Shed a tear, kiss her brow
for the simple reason
that we share a birthdate?

So many dissimilarities between us
that only the bones are likely still the same,
the cranial vault, the eye sockets.

Since her eyes seem a little larger,
her eyelashes are longer, she's taller,
and the whole body is tightly sheathed
in smooth, unblemished skin.

Relatives and friends still link us, it is true,
but in her world nearly all are living,
while in mine almost no one survives
from that shared circle.

We differ so profoundly,
talk and think about completely different things.
She knows next to nothing —
but with a doggedness deserving better causes.
I know much more —
but not for sure.

Pokazuje mi wiersze,
pisane pismem starannym, wyraźnym,
jakim ja nie piszę już od lat.

Czytam te wiersze, czytam.
No może ten jeden,
gdyby go skrócić
i w paru miejscach poprawić.
Reszta niczego dobrego nie wróży.

Rozmowa się nie klei.
Na jej biednym zegarku
czas chwiejny jeszcze i tani.
Na moim dużo droższy i dokładny.

Na pożegnanie nic, zdawkowy uśmiech
i żadnego wzruszenia.

Dopiero kiedy znika
i zostawia w pośpiechu swój szalik.

Szalik z prawdziwej wełny,
w kolorowe paski
przez naszą matkę
zrobiony dla niej szydełkiem.

Przechowuję go jeszcze.

She shows me poems,
written in a clear and careful script
I haven't used for years.

I read the poems, read them.
Well, maybe that one
if it were shorter
and touched up in a couple of places.
The rest do not bode well.

The conversation stumbles.
On her pathetic watch
time is still cheap and unsteady.
On mine it's far more precious and precise.

Nothing in parting, a fixed smile
and no emotion.

Only when she vanishes,
leaving her scarf in her haste.

A scarf of genuine wool,
in colored stripes
crocheted for her
by our mother.

I've still got it.

TRUDNE ŻYCIE Z PAMIĘCIĄ

Jestem złą publicznością dla swojej pamięci.
Chce, żebym bezustannie słuchała jej głosu,
a ja się wiercę, chrząkam,
słucham i nie słucham,
wychodzę, wracam i znowu wychodzę.

Chce mi bez reszty zająć uwagę i czas.
Kiedy śpię, przychodzi jej to łatwo.
W dzień bywa różnie, i ma o to żal.

Podsuwa mi gorliwie dawne listy, zdjęcia,
porusza wydarzenia ważne i nieważne,
przywraca wzrok na prześlepione widoki,
zaludnia je moimi umarłymi.

W jej opowieściach jestem zawsze młodsza.
To miłe, tylko po co bez przerwy ten wątek.
Każde lustro ma dla mnie inne wiadomości.

Gniewa się, kiedy wzruszam ramionami.
Mściwie wtedy wywleka wszystkie moje błędy,
ciężkie, a potem lekko zapomniane.
Patrzy mi w oczy, czeka co ja na to.
W końcu pociesza, że mogło być gorzej.

Chce, żebym żyła już tylko dla niej i z nią.
Najlepiej w ciemnym, zamkniętym pokoju,
a u mnie ciągle w planach słońce teraźniejsze,
obłoki aktualne, drogi na bieżąco.

HARD LIFE WITH MEMORY

I'm a poor audience for my memory.
She wants me to attend her voice nonstop,
but I fidget, fuss,
listen and don't,
step out, come back, then leave again.

She wants all my time and attention.
She's got no problem when I sleep.
The day's a different matter, which upsets her.

She thrusts old letters, snapshots at me eagerly,
stirs up events both important and un-,
turns my eyes to overlooked views,
peoples them with my dead.

In her stories I'm always younger.
Which is nice, but why always the same story.
Every mirror holds different news for me.

She gets angry when I shrug my shoulders.
And takes revenge by hauling out old errors,
weighty, but easily forgotten.
Looks into my eyes, checks my reaction.
Then comforts me, it could be worse.

She wants me to live only for her and with her.
Ideally in a dark, locked room,
but my plans still feature today's sun,
clouds in progress, ongoing roads.

Czasami mam jej towarzystwa dosyć.
Proponuję rozstanie. Od dzisiaj na zawsze.
Wówczas uśmiecha się z politowaniem,
bo wie, że byłby to wyrok i na mnie.

At times I get fed up with her.
I suggest a separation. From now to eternity.
Then she smiles at me with pity,
since she knows it would be the end of me too.

MIKROKOSMOS

Kiedy zaczęto patrzeć przez mikroskop,
powiało grozą i do dzisiaj wieje.
Życie było dotychczas wystarczająco szalone
w swoich rozmiarach i kształtach.
Wytwarzało więc także istoty maleńkie,
jakieś muszki, robaczki,
ale przynajmniej gołym ludzkim okiem
dające się zobaczyć.

A tu nagle, pod szkiełkiem,
inne aż do przesady
i tak już znikome,
że to co sobą zajmują w przestrzeni,
tylko przez litość można nazwać miejscem.

Szkiełko ich nawet wcale nie uciska,
bez przeszkód dwoją się pod nim i troją
na pełnym luzie i na chybił trafił.

Powiedzieć, że ich dużo — to mało powiedzieć.
Im silniejszy mikroskop,
tym pilniej i dokładniej wielokrotne.

Nie mają nawet porządnych wnętrzności.
Nie wiedzą, co to płeć, dzieciństwo, starość.
Może nawet nie wiedzą czy są — czy ich nie ma.
A jednak decydują o naszym życiu i śmierci.

Niektóre zastygają w chwilowym bezruchu,
choć nie wiadomo, czym dla nich jest chwila.
Skoro są takie drobne,

MICROCOSMOS

When they first started looking through microscopes
a cold fear blew and it is still blowing.
Life hitherto had been frantic enough
in all its shapes and dimensions.
Which is why it created small-scale creatures,
assorted tiny worms and flies,
but at least the naked human eye
could see them.

But then suddenly beneath the glass,
foreign to a fault
and so petite,
that what they occupy in space
can only charitably be called a spot.

The glass doesn't even touch them,
they double and triple unobstructed,
with room to spare, willy-nilly.

To say they're many isn't saying much.
The stronger the microscope
the more exactly, avidly they're multiplied.

They don't even have decent innards.
They don't know gender, childhood, age.
They may not even know they are — or aren't.
Still they decide our life and death.

Some freeze in momentary stasis,
although we don't know what their moment is.
Since they're so minuscule themselves,

to może i trwanie
jest dla nich odpowiednio rozdrobnione.

Pyłek znoszony wiatrem to przy nich meteor
z głębokiego kosmosu,
a odcisk palca — rozległy labirynt,
gdzie mogą się gromadzić
na swoje głuche parady,
swoje ślepe iliady i upaniszady.

Od dawna chciałam już o nich napisać,
ale to trudny temat,
wciąż odkładany na potem
i chyba godny lepszego poety,
jeszcze bardziej ode mnie zdumionego światem.
Ale czas nagli. Piszę.

their duration may be
pulverized accordingly.

A windborne speck of dust is a meteor
from deepest space,
a fingerprint is a far-flung labyrinth,
where they may gather
for their mute parades,
their blind iliads and upanishads.

I've wanted to write about them for a long while,
but it's a tricky subject,
always put off for later
and perhaps worthy of a better poet,
even more stunned by the world than I.
But time is short. I write.

OTWORNICE

No cóż, na przykład takie otwornice.
Żyły tutaj, bo były, a były, bo żyły.
Jak mogły, skoro mogły i jak potrafiły.
W liczbie mnogiej, bo mnogiej,
choć każda z osobna,
we własnej, bo we własnej
wapiennej skorupce.
Warstwami, bo warstwami
czas je potem streszczał,
nie wdając się w szczegóły,
bo w szczegółach litość.
I oto mam przed sobą
dwa widoki w jednym:
żałosne cmentarzysko
wiecznych odpoczywań
czyli
zachwycające, wyłonione z morza,
lazurowego morza białe skały,
skały, które tu są, ponieważ są.

FORAMINIFERA

Why not, let's take the Foraminifera.
They lived, since they were, and were, since they lived.
They did what they could since they were able.
In the plural since the plural,
although each one on its own,
in its own, since in its own
small limestone shell.
Time summarized them later
in layers, since layers,
without going into details,
since there's pity in the details.
And so I have before me
two views in one:
a mournful cemetery made
of tiny eternal rests
or,
rising from the sea,
the azure sea, dazzling white cliffs,
cliffs that are here because they are.

PRZED PODRÓŻĄ

Mówi się o niej: przestrzeń.
Łatwo określać ją tym jednym słowem,
dużo trudniej wieloma.

Pusta i pełna zarazem wszystkiego?
Szczelnie zamknięta, mimo że otwarta,
skoro nic
wymknąć się z niej nie może?
Rozdęta do bezkresu?
Bo jeśli ma kres,
z czym, u licha, graniczy?

No dobrze, dobrze. Ale teraz zaśnij.
Jest noc, a jutro masz pilniejsze sprawy,
w sam raz na twoją określoną miarę:
dotykanie przedmiotów położonych blisko,
rzucanie spojrzeń na zamierzoną odległość,
słuchanie głosów dostępnych dla ucha.

No i jeszcze ta podróż z punktu A do B.
Start 12.40 czasu miejscowego,
i przelot nad kłębkami tutejszych obłoków
pasemkiem nieba nikłym,
nieskończenie którymś.

BEFORE A JOURNEY

They call it: space.
It's easy to define with that one word,
much harder with many.

Empty and full of everything at once?
Shut tight in spite of being open,
since nothing
can escape from it?
Inflated beyond all limits?
And if it has a limit,
what the devil does it border on?

Well, all fine and good. But go to sleep now.
It's night, tomorrow you've got more pressing matters
made to measure for you:
touching objects placed close at hand,
casting glances at the intended distance.
Listening to voices within earshot.

Then that journey from point A to point B.
Departure at 12:40 local time,
and flight above the puffs of local clouds
through whichever infinitely
fleeting strip of sky.

ROZWÓD

Dla dzieci pierwszy w życiu koniec świata.

Dla kotka nowy Pan.

Dla pieska nowa Pani.

Dla mebli schody, łomot, wóz i przewóz.

Dla ścian jasne kwadraty po zdjętych obrazach.

Dla sąsiadów z parteru temat, przerwa w nudzie.

Dla samochodu lepiej gdyby były dwa.

Dla powieści, poezji—zgoda, bierz co chcesz.

Gorzej z encyklopedią i sprzętem wideo,

no i z tym poradnikiem poprawnej pisowni,

gdzie chyba są wskazówki w kwestii dwojga imion—

czy jeszcze łączyć je spójnikiem "i",

czy już rozdzielać kropką.

DIVORCE

For the kids the first ending of the world.
For the cat a new master.
For the dog a new mistress.
For the furniture stairs, thuds, my way or the highway.
For the walls bright squares where pictures once hung.
For the neighbors new subjects, a break in the boredom.
For the car better if there were two.
For the novels, the poems — fine, take what you want.
Worse with encyclopedias and VCRs,
not to mention the guide to proper usage,
which doubtless holds pointers on two names —
are they still linked with the conjunction "and"
or does a period divide them.

ZAMACHOWCY

Całymi dniami myślą
jak zabić, żeby zabić,
i ilu zabić, żeby wielu zabić.
Poza tym z apetytem zjadają swoje potrawy,
modlą się, myją nogi, karmią ptaki,
telefonują drapiąc się pod pachą,
tamują krew kiedy skaleczą się w palec,
jeśli są kobietami kupują podpaski,
szminkę do powiek, kwiatki do wazonów,
wszyscy trochę żartują, kiedy są w humorze,
popijają z lodówek soki cytrusowe,
wieczorem patrzą na księżyc i gwiazdy,
zakładają na uszy słuchawki z cichą muzyką
i zasypiają smacznie do białego rana
— chyba że to, co myślą, mają zrobić w nocy.

ASSASSINS

They think for days on end,
how to kill so as to kill,
and how many killed will be many.
Apart from this they eat their meals with gusto,
pray, wash their feet, feed the birds,
make phone calls while scratching their armpits,
stanch blood when they cut a finger,
if they're women they buy sanitary napkins,
eye shadow, flowers for vases,
they make jokes on their good days,
drink citrus juice from the fridge,
watch the moon and stars at night,
place headphones with soft music on their ears
and sleep sweetly till the crack of dawn
—unless what they're thinking needs doing at night.

PRZYKŁAD

Wichura
zdarła nocą wszystkie liście z drzewa
oprócz listka jednego,
pozostawionego,
żeby się kiwał solo na gołej gałęzi.

Na tym przykładzie
Przemoc demonstruje,
że owszem —
pożartować sobie czasem lubi.

EXAMPLE

A gale
stripped all the leaves from the trees last night
except for one leaf
left
to sway solo on a naked branch.

With this example
Violence demonstrates
that yes of course—
it likes its little joke from time to time.

IDENTYFIKACJA

Dobrze, że przyszłaś — mówi.
Słyszałaś, że we czwartek rozbił się samolot?
No więc właśnie w tej sprawie
przyjechali po mnie.
Podobno był na liście pasażerów.
No i co z tego, może się rozmyślił.
Dali mi jakiś proszek, żebym nie upadła.
Potem mi pokazali kogoś, nie wiem kogo.
Cały czarny, spalony oprócz jednej ręki.
Strzępek koszuli, zegarek, obrączka.
Wpadłam w gniew, bo to na pewno nie on.
Nie zrobiłby mi tego, żeby tak wyglądać.
A takich koszul pełno jest po sklepach.
A ten zegarek to zwykły zegarek.
A te nasze imiona na jego obrączce
to są imiona bardzo pospolite.
Dobrze, że przyszłaś. Usiądź tu koło mnie.
On rzeczywiście miał wrócić we czwartek.
Ale ile tych czwartków mamy jeszcze w roku.
Zaraz nastawię czajnik na herbatę.
Umyję głowę, a potem, co potem,
spróbuję zbudzić się z tego wszystkiego.
Dobrze, że przyszłaś, bo tam było zimno,
a on tylko w tym takim gumowym śpiworze,
on, to znaczy ten tamten nieszczęśliwy człowiek.
Zaraz nastawię czwartek, umyję herbatę,
bo te nasze imiona przecież pospolite —

IDENTIFICATION

It's good you came—she says.
You heard a plane crashed on Thursday?
Well, so they came to see me
about it.
The story is he was on the passenger list.
So what, he might have changed his mind.
They gave me some pills so I wouldn't fall apart.
Then they showed me I don't know who.
All black, burned except one hand.
A scrap of shirt, a watch, a wedding ring.
I got furious, that can't be him.
He wouldn't do that to me, look like that.
The stores are bursting with those shirts.
The watch is just a regular old watch.
And our names on that ring,
they're only the most ordinary names.
It's good you came. Sit here beside me.
He really was supposed to get back Thursday.
But we've got so many Thursdays left this year.
I'll put the kettle on for tea.
I'll wash my hair, then what,
try to wake up from all this.
It's good you came, since it was cold there,
and him just in some rubber sleeping bag,
him, I mean, you know, that unlucky man.
I'll put the Thursday on, wash the tea,
since our names are completely ordinary—

NIECZYTANIE

Do dzieła Prousta
nie dodają w księgarni pilota,
nie można się przełączyć
na mecz piłki nożnej
albo na kwiz, gdzie do wygrania volvo.

Żyjemy dłużej,
ale mniej dokładnie
i krótszymi zdaniami.

Podróżujemy szybciej, częściej, dalej
choć zamiast wspomnień przywozimy slajdy.
Tu ja z jakimś facetem.
Tam chyba mój eks.
Tu wszyscy na golasa,
więc gdzieś pewnie na plaży.

Siedem tomów — litości.
Nie dałoby się tego streścić, skrócić,
albo najlepiej pokazać w obrazkach.
Szedł kiedyś serial pt. Lalka,
ale bratowa mówi, że kogoś innego na P.

Zresztą, nawiasem mówiąc, kto to taki.
Podobno pisał w łóżku całymi latami.
Kartka za kartką,
z ograniczoną prędkością.
A my na piątym biegu
i — odpukać — zdrowi.

NONREADING

Bookstores don't provide
a remote control for Proust,
you can't switch
to a soccer match,
or a quiz show, win a Cadillac.

We live longer
but less precisely
and in shorter sentences.

We travel faster, farther, more often,
but bring back slides instead of memories.
Here I am with some guy.
There I guess that's my ex.
Here everyone's naked
so this must be a beach.

Seven volumes — mercy.
Couldn't it be cut or summarized,
or better yet put into pictures.
There was that series called "The Doll,"
but my sister-in-law says that's some other P.*

And by the way, who was he anyway.
They say he wrote in bed for years on end.
Page after page
at a snail's pace.
But we're still going in fifth gear
and, knock on wood, never better.

* The reference is to the Polish novelist Bolesław Prus (1847–1912), whose most
famous work, *The Doll* (1890), later became a popular TV miniseries.

PORTRET Z PAMIĘCI

Wszystko na pozór się zgadza.
Kształt głowy, rysy twarzy, wzrost, sylwetka.
Jednak nie jest podobny.
Może nie w takiej pozie?
W innym kolorycie?
Może bardziej z profilu,
jakby się za czymś oglądał?
Gdyby coś trzymał w rękach?
Książkę własną? Cudzą?
Mapę? Lornetkę? Kołowrotek wędki?
I niechby co innego miał na sobie?
Wrześniowy mundur? Obozowy pasiak?
Wiatrówkę z tamtej szafy?
Albo — jak w drodze do drugiego brzegu —
po kostki, po kolana, po pas, po szyję
już zanurzony? Nagi?
I gdyby domalować mu tu jakieś tło?
Na przykład łąkę jeszcze nie skoszoną?
Szuwary? Brzozy? Piękne chmurne niebo?
Może brakuje kogoś obok niego?
Z kim spierał się? Żartował?
Grał w karty? Popijał?
Ktoś z rodziny? Przyjaciół?
Kilka kobiet? Jedna?
Może stojący w oknie?
Wychodzący z bramy?
Z psem przybłędą u nogi?
W solidarnym tłumie?
Nie, nie, to na nic.
Powinien być sam,
jak niektórym przystało.

PORTRAIT FROM MEMORY

Everything seems to agree.
The head's shape, the features, the silhouette, the height.
But there's no resemblance.
Maybe not in that position?
A different color scheme?
Maybe more in profile,
as if looking at something?
What about something in his hands?
His own book? Someone else's?
A map? Binoculars? A fishing reel?
And should he be wearing something different?
A soldier's uniform in '39? Camp stripes?
A windbreaker from that closet?
Or — as if passing to the other shore —
up to his ankles, his knees, his waist, his neck,
deluged? Naked?
And maybe a backdrop should be added?
For example, a meadow still uncut?
Rushes? Birches? A lovely cloudy sky?
Maybe someone should be next to him?
Arguing with him? Joking?
Drinking? Playing cards?
A relative? A chum?
Several women? One?
Maybe standing in a window?
Going out the door?
With a stray dog at his feet?
In a friendly crowd?
No, no, all wrong.
He should be alone,
that suits some best.

I chyba nie tak poufale, z bliska?
Dalej? I jeszcze dalej?
W najzupełniejszej już głębi obrazu?
Skąd, gdyby nawet wołał,
nie doszedłby głos?
A co na pierwszym planie?
Ach, cokolwiek.
I tylko pod warunkiem, że będzie to ptak
przelatujący właśnie.

And not so familiar, so close up?
Farther? Even farther?
In the furthermost depths of the image?
His voice couldn't carry
even if he called?
And what in the foreground?
Oh, anything.
As long as it's a bird
just flying by.

SNY

Wbrew wiedzy i naukom geologów,
kpiąc sobie z ich magnesów, wykresów i map—
sen w ułamku sekundy
piętrzy przed nami góry tak bardzo kamienne,
jakby stały na jawie.

A skoro góry, to i doliny, równiny
z pełną infrastrukturą.
Bez inżynierów, majstrów, robotników,
bez koparek, spycharek, dostawy budulca—
gwałtowne autostrady, nagłe mosty,
natychmiastowe miasta zaludnione gęsto.

Bez reżyserów z tubą i operatorów—
tłumy dobrze wiedzące, kiedy nas przerazić
i w jakiej chwili zniknąć.

Bez biegłych w swoim fachu architektów,
bez cieśli, bez murarzy, betoniarzy—
na ścieżce raptem domek jak zabawka,
a w nim ogromne sale z echem naszych kroków
i ściany wykonane z twardego powietrza.

Nie tylko rozmach ale i dokładność—
poszczególny zegarek, całkowita mucha,
na stole obrus haftowany w kwiaty,
nadgryzione jabłuszko ze śladami zębów.

A my—czego nie mogą cyrkowi sztukmistrze,
magowie, cudotwórcy i hipnotyzerzy—
nieupierzeni potrafimy fruwać,
w czarnych tunelach świecimy sobie oczami,

DREAMS

Despite the geologists' knowledge and craft,
mocking magnets, graphs and maps —
in a split second the dream
piles before us mountains as stony
as real life.

And if mountains, then valleys, plains
with perfect infrastructures.
Without engineers, contractors, workers,
bulldozers, diggers, or supplies —
raging highways, instant bridges,
thickly populated pop-up cities.

Without directors, megaphones, and cameramen —
crowds knowing exactly when to frighten us
and when to vanish.

Without architects deft in their craft,
without carpenters, bricklayers, concrete pourers —
on the path a sudden house just like a toy,
and in it vast halls that echo with our steps
and walls constructed out of solid air.

Not only the scale, it's also the precision —
a specific watch, an entire fly,
on the table a cloth with cross-stitched flowers,
a bitten apple with teeth marks.

And we — unlike circus acrobats,
conjurers, wizards, and hypnotists —
can fly unfledged,
we light dark tunnels with our eyes,

rozmawiamy ze swadą w nieznanym języku
i to nie z byle kim, bo z umarłymi.

A na dodatek, wbrew własnej wolności,
wyborom serca i upodobaniom,
zatracamy się
w miłosnym pożądaniu do —
zanim zadzwoni budzik.

Co na to wszystko autorzy senników,
badacze onirycznych symboli i wróżb,
lekarze z kozetkami do psychoanaliz —
jeśli coś im się zgadza,
to tylko przypadkiem
i z tej tylko przyczyny,
że w naszych śnieniach,
w ich cieniach i lśnieniach,
w ich zatrzęsieniach, niedoprzewidzeniach,
w ich odniechceniach i rozprzestrzenieniach
czasem nawet uchwytny sens
trafić się może.

we wax eloquent in unknown tongues,
talking not with just anyone, but with the dead.

And as a bonus, despite our own freedom,
the choices of our heart, our tastes,
we're swept away
by amorous yearnings for—
and the alarm clock rings.

So what can they tell us, the writers of dreambooks,
the scholars of oneiric signs and omens,
the doctors with couches for analyses—
if anything fits,
it's accidental,
and for one reason only,
that in our dreamings,
in their shadowings and gleamings,
in their multiplings, inconceivablings,
in their haphazardings and widescatterings
at times even a clear-cut meaning
may slip through.

W DYLIŻANSIE

Wyobraźnia kazała mi odbyć tę podróż.
Na dachu dyliżansu mokną pudła i paczki.
W środku ścisk, hałas, zaduch.
Jest gospodyni gruba i spocona,
myśliwy w dymach fajki i z martwym zającem,
l'abbé chrapiący z gąsiorkiem wina w objęciach,
piastunka z niemowlęciem czerwonym od krzyku,
podpity kupiec z uporczywą czkawką,
dama zirytowana ze wszystkich tutaj powodów,
ponadto chłopiec z trąbką,
duży zapchlony pies
oraz papuga w klatce.

I jeszcze ktoś, dla kogo właśnie wsiadłam,
ledwie widoczny wśród cudzych tobołków,
ale jest — i nazywa się Juliusz Słowacki.

Nie wydaje się zbyt skory do rozmowy.
Czyta list, który wyjął z pomiętej koperty,
list pewnie wiele razy już czytany,
bo kartki kruszą się trochę po brzegach.
Kiedy z kartek wypada zasuszony fiołek
ach! wzdychamy oboje i łapiemy go w locie.

To chyba dobry moment, żeby mu powiedzieć
to, co od dawna układałam w myślach.
Przepraszam Pana, ale to pilne i ważne.
Przybywam tu z Przyszłości i wiem, jak tam jest.
Dla wierszy Pańskich zawsze i czułość, i podziw,
a Panu — królom równy pobyt na Wawelu.

IN A MAIL COACH

My imagination sentenced me to this journey.
Boxes and packages get drenched on the mail coach roof.
Inside crush, hubbub, stuffiness.
There's a stout sweaty hausfrau,
a hunter swathed in pipe smoke with a dead hare,
l'abbé snores, a demijohn of wine clasped in his arms,
a nursemaid holds an infant red from bawling,
a tipsy merchant with relentless hiccups,
a lady irritated for all the reasons above,
furthermore a boy with a trumpet,
a large fleabitten dog,
and a caged parrot.

And also the person I got on for,
almost invisible amid the others' bundles,
but he's there, and he's called Juliusz Słowacki.*

He's clearly none too eager for a chat.
He draws a letter from a crumpled envelope,
it's doubtless been read many times before,
since the pages fray along the edges.
When a dried violet drops from the sheets
ah! we both sigh and seize it in flight.

Perhaps it's a good time to tell him
what I've planned long ago in my thoughts.
Excuse me, sir, but it's urgent and important.
I've come from the Future and I know how it turns out.
Your poems are loved and admired
and you lie with kings in Wawel Castle.

* One of Poland's greatest Romantic poets, Słowacki lived from 1809 to 1849.

Niestety, wyobraźnia nie ma takiej mocy,
żeby mógł mnie usłyszeć czy bodaj zobaczyć.
Nie czuje nawet, że pociągam Go za rękaw.
Spokojnie wkłada fiołek między kartki,
a kartki do koperty, potem do kuferka,
patrzy przez chwilę przez załzawione okienko,
w końcu wstaje, zapina płaszcz, przemyka się do drzwi
i cóż — wysiada na najbliższej stacji.

Jeszcze przez parę minut nie tracę Go z oczu.
Idzie taki niewielki z tym swoim kuferkiem,
prosto przed siebie, z opuszczoną głową,
jak ktoś, kto wie,
że nikt go tu nie czeka.

Teraz w polu widzenia już tylko statyści.
Liczna familia pod parasolami,
kapral z gwizdkiem, a za nim zziajani rekruci,
furmanka pełna prosiąt
i dwa cugowe konie do wymiany.

Alas my imagination lacks the power
to make him hear or at least see me.
He doesn't even feel me tug his sleeve.
He calmly slips the violet between the sheets,
which go back into the envelope, and then into a trunk,
glances through the rain-streaked window,
rises, pins his cloak, squeezes to the door,
and what else? Gets off at the next station.

I keep him in my sight a few more minutes.
He walks off, so slight with that trunk of his,
plows on, head down,
like one who knows
no one is waiting.

Now only the extras remain.
An extended clan beneath umbrellas,
a corporal with a whistle, breathless recruits in tow,
a wagon full of piglets,
and two fresh horses waiting to be hitched.

ELLA W NIEBIE

Modliła się do Boga,
modliła gorąco,
żeby z niej zrobił
białą szczęśliwą dziewczynę.
A jeśli już za późno na takie przemiany,
to chociaż, Panie Boże, spójrz ile ja ważę
i odejmij mi z tego przynajmniej połowę.
Ale łaskawy Bóg powiedział Nie.
Położył tylko rękę na jej sercu,
zajrzał do gardła, pogłaskał po głowie.
A kiedy będzie już po wszystkim — dodał —
sprawisz mi radość przybywając do mnie,
pociecho moja czarna, rozśpiewaną kłodo.

ELLA IN HEAVEN

She prayed to God
with all her heart
to make her
a happy white girl.
And if it's too late for such changes,
then at least, Lord God, see what I weigh,
subtract at least half of me.
But the good God answered No.
He just put his hand on her heart,
checked her throat, stroked her head.
But when everything is over — he added —
you'll give me joy by coming to me,
my black comfort, my well-sung stump.

VERMEER

Dopóki ta kobieta z Rijksmuseum
w namalowanej ciszy i skupieniu
mleko z dzbanka do miski
dzień po dniu przelewa,
nie zasługuje Świat
na koniec świata.

VERMEER

So long as that woman from the Rijksmuseum
in painted quiet and concentration
keeps pouring milk day after day
from the pitcher to the bowl
the World hasn't earned
the world's end.

METAFIZYKA

Było, minęło.
Było, więc minęło.
W nieodwracalnej zawsze kolejności,
bo taka jest reguła tej przegranej gry.
Wniosek banalny, nie wart już pisania,
gdyby nie fakt bezsporny,
fakt na wieki wieków,
na cały kosmos, jaki jest i będzie,
że coś naprawdę było,
póki nie minęło,
nawet to,
że dziś jadłeś kluski ze skwarkami.

METAPHYSICS

It's been and gone.
It's been, so it's gone.
In the same irreversible order,
for such is the rule of this foregone game.
A trite conclusion, not worth writing
if it weren't an unquestionable fact,
a fact for ever and ever,
for the whole cosmos, as it is and will be,
that something really was
until it was gone,
even the fact
that today you had a side of fries.

NIEOBECNOŚĆ

Niewiele brakowało,
a moja matka mogłaby poślubić
pana Zbigniewa B. ze Zduńskiej Woli.
I gdyby mieli córkę—nie ja bym nią była.
Może z lepszą pamięcią do imion i twarzy,
i każdej usłyszanej tylko raz melodii.
Bez błędu poznającą który ptak jest który.
Ze świetnymi stopniami z fizyki i chemii,
i gorszymi z polskiego,
ale w skrytości pisującą wiersze
od razu dużo ciekawsze od moich.

Niewiele brakowało,
a mój ojciec mógłby w tym samym czasie poślubić
pannę Jadwigę R. z Zakopanego.
I gdyby mieli córkę—nie ja bym nią była.
Może bardziej upartą w stawianiu na swoim.
Bez lęku wskakującą do głębokiej wody.
Skłonną do ulegania emocjom zbiorowym.
Bezustannie widzianą w kilku miejscach na raz,
ale rzadko nad książką, częściej na podwórku,
jak kopie piłkę razem z chłopakami.

Może by obie spotkały się nawet
w tej samej szkole i tej samej klasie.
Ale żadna z nich para,
żadne pokrewieństwo,
a na grupowym zdjęciu daleko od siebie.

Dziewczynki, stańcie tutaj
—wołałby fotograf—

ABSENCE

A few minor changes
and my mother might have married
Mr. Zbigniew B. from Zduńska Wola.
And if they'd had a daughter — she wouldn't have been me.
Maybe with a better memory for names and faces,
and any melody heard once.
Adept at telling one bird from another.
With perfect grades in chemistry and physics,
and worse in Polish,
but secretly writing poems
instantly more interesting than mine.

A few minor changes
and my father might at that same time have married
Miss Jadwiga R. from Zakopane.
And if they'd had a daughter — she wouldn't have been me.
Maybe standing her ground more stubbornly.
Plunging headfirst into deep water.
Susceptible to group emotions.
Always seen in several spots at once,
but rarely with a book, more often in the yard
playing kickball with the boys.

They might even have met
in the same school, the same room.
But not kindred spirits,
no affinities,
at opposite ends of class photos.

Stand here, girls
— the photographer would call —

te niższe z przodu, te wyższe za nimi.
I ładnie się uśmiechnąć, kiedy zrobię znak.
Tylko jeszcze policzcie,
czy jesteście wszystkie?

—Tak, proszę pana, wszystkie.

shorter girls in front, tall girls behind.
And big smiles when I say cheese.
But one more head count,
that's everyone?

—Yes sir, that's all.

WYPADEK DROGOWY

Jeszcze nie wiedzą,
co pół godziny temu
stało się tam, na szosie.

Na ich zegarkach
pora taka sobie,
popołudniowa, czwartkowa, wrześniowa.

Ktoś odcedza makaron.
Ktoś grabi liście w ogródku.
Dzieci z piskiem biegają dookoła stołu.
Komuś kot z łaski swojej pozwala się głaskać.
Ktoś płacze —
jak to zwykle przed telewizorem,
kiedy niedobry Diego zdradza Juanitę.
Słychać pukanie —
to nic, to sąsiadka z pożyczoną patelnią.
W głębi mieszkania dzwonek telefonu —
na razie tylko w sprawie ogłoszenia.

Gdyby ktoś stanął w oknie
i popatrzył w niebo,
mógłby ujrzeć już chmury
przywiane znad miejsca wypadku.
Wprawdzie porozrywane i porozrzucane,
ale to u nich na porządku dziennym.

HIGHWAY ACCIDENT

They still don't know
what happened on the highway
half an hour ago.

On their watches
it's just the same old time,
afternoonish, Thursdayish, September.

Someone is draining macaroni.
Someone is raking leaves.
Squealing children race around the table.
Someone's cat deigns to be patted.
Someone is crying—
as always when bad Diego
betrays Juanita on TV.
Someone is knocking—
nothing, the neighbor with a borrowed frying pan.
A phone rings deep in the apartment—
just telemarketing for now.

If someone were to stand at the window
and look out at the sky,
he might catch sight of clouds
drifting over from the accident.
Torn and tattered, to be sure,
but that's business as usual for them.

NAZAJUTRZ — BEZ NAS

Poranek spodziewany jest chłodny i mglisty.
Od zachodu
zaczną przemieszczać się deszczowe chmury.
Widoczność będzie słaba.
Szosy śliskie.

Stopniowo, w ciągu dnia,
pod wpływem klina wyżowego od północy
możliwe już lokalne przejaśnienia.
Jednak przy wietrze silnym i zmiennym w porywach
mogą wystąpić burze.

W nocy
rozpogodzenie prawie w całym kraju,
tylko na południowym wschodzie
niewykluczone opady.
Temperatura znacznie się obniży,
za to ciśnienie wzrośnie.

Kolejny dzień
zapowiada się słonecznie,
choć tym, co ciągle żyją
przyda się jeszcze parasol.

THE DAY AFTER — WITHOUT US

The morning is expected to be cool and foggy.
Rainclouds
will move in from the west.
Poor visibility.
Slick highways.

Gradually as the day progresses
high pressure fronts from the north
make local sunshine likely.
Due to winds, though, sometimes strong and gusty,
sun may give way to storms.

At night
clearing across the country,
with a slight chance of precipitation
only in the southeast.
Temperatures will drop sharply,
while barometric readings rise.

The next day
promises to be sunny,
although those still living
should bring umbrellas.

ZDARZENIE

Niebo, ziemia, poranek,
godzina ósma piętnaście.
Spokój i cisza
w pożółkłych trawach sawanny.
W oddali hebanowiec
o liściach zawsze zielonych
i rozłożystych korzeniach.

Wtem jakieś zakłócenie błogiego bezruchu.
Dwie chcące żyć istoty zerwane do biegu.
To antylopa w gwałtownej ucieczce,
a za nią lwica zziajana i głodna.
Szanse ich obu są chwilowo równe.
Pewną nawet przewagę ma uciekająca.
I gdyby nie ten korzeń,
co sterczy spod ziemi,
gdyby nie to potknięcie
jednego z czterech kopytek,
gdyby nie ćwierć sekundy
zachwianego rytmu,
z czego korzysta lwica
jednym długim skokiem—

Na pytanie kto winien
nic, tylko milczenie.
Niewinne niebo, *circulus coelestis.*
Niewinna *terra nutrix,* ziemia żywicielka.
Niewinny *tempus fugitivum,* czas.
Niewinna antylopa, *gazella dorcas.*
Niewinna lwica, *leo massaicus.*

AN OCCURRENCE

Sky, earth, morning,
the time is eight fifteen.
Peace and quiet
in the savanna's yellowed grass.
An ebony tree in the distance
with evergreen leaves
and spreading roots.

A sudden uproar in the blissful stillness.
Two creatures who want to live suddenly bolt.
An antelope in violent flight,
a breathless hungry lioness behind her.
Their chances are equal for the moment.
The antelope may even have the edge.
And if not for the root
that thrusts from the ground,
if not for the stumble
of one of four hooves,
if not for the split second
of disrupted rhythm
that the lioness seizes
with one prolonged leap—

On the question of guilt,
nothing, only silence.
The sky, *circulus coelestis,* is innocent.
Terra nutrix, breadwinner earth, is innocent.
Tempus fugitivum, time, is innocent.
The antelope, *gazella dorcas,* is innocent.
The lioness, *leo massaicus,* is innocent.

Niewinny hebanowiec, *diospyros mespiliformis*.
I obserwator z lornetką przy oczach,
w takich, jak ten, przypadkach
homo sapiens innocens.

The ebony tree, *diospyros mespiliformis,* is innocent.
And the observer who watches through binoculars
is, in such instances,
homo sapiens innocens.

WYWIAD Z ATROPOS

Pani Atropos?

Zgadza się, to ja.

Z trzech córek Konieczności
ma Pani w świecie opinię najgorszą.

Gruba przesada, moja ty poetko.
Kloto przędzie nić życia,
ale ta nić jest wątła,
nietrudno ją przeciąć.
Lachezis prętem wyznacza jej długość.
To nie są niewiniątka.

A jednak w rękach Pani są nożyce.

Skoro są, to robię z nich użytek.

Widzę, że nawet teraz, kiedy rozmawiamy . . .

Jestem pracoholiczką, taką mam naturę.

Czy nie czuje się Pani zmęczona, znudzona,
senna przynajmniej nocą? Nie, naprawdę nie?
Bez urlopów, weekendów, świętowania świąt,
czy choćby małych przerw na papierosa?

Byłyby zaległości, a tego nie lubię.

Niepojęta gorliwość.
I znikąd dowodów uznania,

AN INTERVIEW WITH ATROPOS

Madame Atropos?

That's correct.

Of Necessity's three daughters,
you fare the worst in world opinion.

A gross exaggeration, my dear poet.
Clotho spins the thread of life,
but the thread is delicate
and easily cut.
Lachesis determines its length with her rod.
They are no angels.

Still, you, madame, hold the scissors.

And since I do, I put them to good use.

I see that even as we speak . . .

I'm a Type A, that's my nature.

You don't get bored or tired,
maybe drowsy working nights? Really, not the slightest?
With no holidays, vacations, weekends,
no quick breaks for cigarettes?

We'd fall behind, I don't like that.

Such breathtaking industry.
But you're not given commendations,

nagród, wyróżnień, pucharów, orderów?
Bodaj dyplomów oprawionych w ramki?

Jak u fryzjera? Dziękuję uprzejmie.

Czy ktoś Pani pomaga, jeśli tak to kto?

Niezły paradoks — właśnie wy, śmiertelni.
Dyktatorzy przeróżni, fanatycy liczni.
Choć nie ja ich popędzam.
Sami się garną do dzieła.

Pewnie i wojny muszą Panią cieszyć,
bo duża z nich wyręka.

Cieszyć? Nie znam takiego uczucia.
I nie ja do nich wzywam,
nie ja kieruję ich biegiem.
Ale przyznaję: głównie dzięki nim
mogę być na bieżąco.

Nie szkoda Pani nitek przeciętych zbyt krótko?

Bardziej krótko, mniej krótko —
to tylko dla was różnica.

A gdyby ktoś silniejszy chciał pozbyć się Pani
i spróbował odesłać na emeryturę?

Nie zrozumiałam. Wyrażaj się jaśniej.

Spytam inaczej: ma Pani Zwierzchnika?

orders, trophies, cups, awards?
Maybe just a framed diploma?

Like at the hairdresser's? No, thank you.

Who, if anyone, assists you?

A tidy little paradox—you mortals.
Assorted dictators, untold fanatics.
Not that they need me to nudge them.
They're eager to get down to work.

Wars must surely make you happy,
what with all the extra help you get.

Happy? I don't know the feeling.
I'm not the one who declares them,
I'm not the one who steers their course.
I will admit, though, that I'm grateful,
they do serve to keep me au courant.

You're not sorry for the threads cut short?

A little shorter, a lot shorter—
Only you perceive the difference.

And if someone stronger wanted to relieve you,
tried to make you take retirement?

I don't follow. Express yourself more clearly.

I'll try once more: do you have a Higher-Up?

. . . Proszę o jakieś następne pytanie.

Nie mam już innych.

W takim razie żegnam.
A ściślej rzecz ujmując . . .

Wiem, wiem. Do widzenia.

. . . Next question please.

That's all I've got.

Well, goodbye then.
Or to put it more precisely . . .

I know, I know. Au revoir.

GRECKI POSĄG

Z pomocą ludzi i innych żywiołów
nieźle się przy nim napracował czas.
Najpierw pozbawił nosa, później genitaliów,
kolejno palców u rąk i u stóp,
z biegiem lat ramion, jednego po drugim,
uda prawego i uda lewego,
pleców i bioder, głowy i pośladków,
a to, co już odpadło, rozbijał na części,
na gruz, na żwir, na piasek.

Kiedy w ten sposób umiera ktoś żywy,
wypływa dużo krwi za każdym ciosem.

Posągi marmurowe giną jednak biało
i nie zawsze do końca.

Z tego, o którym mowa, zachował się tors
i jest jak wstrzymywany przy wysiłku oddech,
ponieważ musi teraz
przyciągać
do siebie
cały wdzięk i powagę
utraconej reszty.

I to mu się udaje,
to mu się jeszcze udaje,
udaje i olśniewa,
olśniewa i trwa —

Czas także tu zasłużył na pochwalną wzmiankę,
bo ustał w pracy
i coś odłożył na potem.

GREEK STATUE

With the help of people and the other elements
time hasn't done a bad job on it.
It first removed the nose, then the genitalia,
next, one by one, the toes and fingers,
over the years the arms, one after the other,
the left thigh, the right,
the shoulders, hips, head, and buttocks,
and whatever dropped off has since fallen to pieces,
to rubble, to gravel, to sand.

When someone living dies that way
blood flows at every blow.

But marble statues die white
and not always completely.

From the one under discussion only the torso lingers
and it's like a breath held with great effort,
since now it must
draw
to itself
all the grace and gravity
of what was lost.

And it does,
for now it does,
it does and it dazzles,
it dazzles and endures—

Time likewise merits some applause here,
since it stopped work early,
and left some for later.

LABIRYNT

—a teraz kilka kroków
od ściany do ściany,
tymi schodkami w górę,
czy tamtymi w dół,
a potem trochę w lewo,
jeżeli nie w prawo,
od muru w głębi muru
do siódmego progu,
skądkolwiek, dokądkolwiek
aż do skrzyżowania,
gdzie się zbiegają,
żeby się rozbiegnąć
twoje nadzieje, pomyłki, porażki,
próby, zamiary i nowe nadzieje.

Droga za drogą,
ale bez odwrotu.
Dostępne tylko to,
co masz przed sobą,
a tam, jak na pociechę,
zakręt za zakrętem,
zdumienie za zdumieniem,
za widokiem widok.
Możesz wybierać
gdzie być albo nie być,
przeskoczyć, zboczyć
byle nie przeoczyć.

Więc tędy albo tędy,
chyba że tamtędy,
na wyczucie, przeczucie,
na rozum, na przełaj,

LABYRINTH

—and now a few steps
from wall to wall,
up those stairs
or down the others,
then slightly to the left,
if not the right,
from a wall within a wall
up to the seventh threshhold,
from wherever to wherever
to the very intersection
where your hopes, errors, failures,
efforts, plans, and new hopes
cross paths
so as to part.

Road after road
without retreat.
Access only to those
you have before you,
and there, as if in consolation,
twist after twist,
gasp after gasp,
view after view.
You may choose
where to be or not to be,
to overpass or to pull over,
only not to overlook.

So this way or that,
if not the other,
by intuition, by premonition,
by common sense, by chance,

na chybił trafił,
na splątane skróty.
Przez któreś z rzędu rzędy
korytarzy, bram,
prędko, bo w czasie
niewiele masz czasu,
z miejsca na miejsce
do wielu jeszcze otwartych,
gdzie ciemność i rozterka
ale prześwit, zachwyt,
gdzie radość, choć nieradość
nieomal opodal,
a gdzie indziej, gdzieniegdzie,
ówdzie i gdzie bądź
szczęście w nieszczęściu
jak w nawiasie nawias,
i zgoda na to wszystko
i raptem urwisko,
urwisko, ale mostek,
mostek, ale chwiejny,
chwiejny, ale jedyny,
bo drugiego nie ma.

Gdzieś stąd musi być wyjście,
to więcej niż pewne.
Ale nie ty go szukasz,
to ono cię szuka,
to ono od początku
w pogoni za tobą,
a ten labirynt
to nic innego jak tylko,
jak tylko twoja, dopóki się da,
twoja, dopóki twoja,
ucieczka, ucieczka—

by hook or crook,
by crooked shortcuts.
Through whichever rows upon rows
of corridors and gates,
quick, since in the meantime
your time is running short,
from place to place,
to those many still left open,
where there's perplexity and darkness
but also gaps and rapture,
where there's happiness, though mishap
is just a step behind,
whereas elsewhere, hither thither,
here and there, wherever,
fortune in misfortune
like brackets in parentheses,
and yes to all of this,
then abruptly an abyss,
an abyss, but a little bridge,
a little bridge, but shaky,
shaky, but the only,
there's no other.

There must be an exit somewhere,
that's more than certain.
But you don't look for it,
it looks for you,
it's been stalking you
from the start,
and this labyrinth
is none other than
than your, for the duration,
your, until not your,
flight, flight —

WŁAŚCIWIE KAŻDY WIERSZ

Właściwie każdy wiersz
mógłby mieć tytuł „Chwila".

Wystarczy jedna fraza
w czasie teraźniejszym,
przeszłym a nawet przyszłym;

wystarczy, że cokolwiek
niesione słowami
zaszeleści, zabłyśnie,
przefrunie, przepłynie,
czy też zachowa
rzekomą niezmienność,
ale z ruchomym cieniem;

wystarczy, że jest mowa
o kimś obok kogoś
albo kimś obok czegoś;

o Ali, co ma kota,
albo już go nie ma;

albo o innych Alach
kotach i nie kotach
z innych elementarzy
kartkowanych przez wiatr;

wystarczy, jeśli w zasięgu spojrzenia
autor umieści tymczasowe góry
i nietrwałe doliny;

IN FACT EVERY POEM

In fact every poem
might be called "Moment."

One phrase is enough
in the present tense,
the past and even future;

it's enough so that anything
borne on words
begins to rustle, sparkle,
flutter, float,
while seeming
to stay changeless
but with a shifting shadow;

it's enough that there is talk
of someone next to someone
or someone next to something;

about Sally who has a kitty
or no longer has a kitty;

or about other Sallys
kitties or not kitties
from other primers
ruffled by the wind;

it's enough if within eyeshot
an author places temporary hills
and makeshift valleys;

jeśli przy tej okazji
napomknie o niebie
tylko z pozoru wiecznym i statecznym;

jeśli się zjawi pod piszącą ręką
bodaj jedyna rzecz
nazwana rzeczą czyjąś;

jeśli czarno na białym,
czy choćby w domyśle,
z ważnego albo błahego powodu,
postawione zostaną znaki zapytania,
a w odpowiedzi —
jeżeli dwukropek:

if on this occasion
he hints at a heaven
apparently firm and enduring;

if there appears beneath a writing hand
at least one thing
that is called someone's;

if in black on white,
at least in thought,
for some serious or silly reason,
question marks are placed,
and if in response,
a colon: